LE DIABLE AMOUREUX,

BALLET PANTOMIME EN TROIS ACTES

ET HUIT TABLEAUX,

PAR MM.

DE SAINT-GEORGES ET MAZILIER.

Représenté le 23 septembre 1840.

PARIS,

HENRIOT ET Ce, ÉDITEURS, RUE D'ENGHIEN, 10.

Ve JONAS, LIBRAIRE DE L'OPÉRA.

1840.

LE DIABLE AMOUREUX,

BALLET PANTOMIME

EN TROIS ACTES ET HUIT TABLEAUY.

Imprimerie de Mme De Lacombe, rue d'Enghien, 12.

LE

DIABLE AMOUREUX

BALLET PANTOMIME

EN TROIS ACTES ET HUIT TABLEAUX,

PAR

MM. DE SAINT-GEORGES ET MAZILIER,

MUSIQUE DE MESSIEURS

BENOIST (1er ET 3me ACTES), RÉBER (2me ACTE).

DÉCORS DE MM. PHILASTRE ET CAMBON,

REPRÉSENTÉ POUR LA PREMIÈRE FOIS, A L'ACADÉMIE ROYALE DE MUSIQUE,
LE 21 SEPTEMBRE 1840.

PARIS,

HENRIOT ET Cie, ÉDITEURS, RUE D'ENGHIEN, N° 10,

Ve JONAS, LIBRAIRE DE L'OPÉRA.

—

1840.

ACTE PREMIER.

PREMIER TABLEAU.

PERSONNAGES.		ACTEURS.
BELZÉBUTH	MM.	MONTJOIE.
FRÉDÉRIC		MAZILIER.
HORTENSIUS		BARREZ 1er.
SIMPLICE LE GRAND VISIR		ÉLIE.
BRACACCIO		SIMON.
LE GRAND BAILLI		QUÉRIAU.
UN SEIGNEUR		CORALLI fils.
UN PIRATE		ADICE.
UN PIRATE		DESPLACES fils.
UN PRÊTRE		L. PETIT.
PHOEBÉE	Mmes	NOBLET.
URIELLE		PAULINE LEROUX.
LILIA		NATH. FITZJAMES.
THÉRÉSINE		MAZILIER.
JANETTA		ADÈLE DUMILATRE.
UNE DIABLESSE		ROLAND.

CORYPHÉES.

Mmes	Albertine.	Mmes	Robert.
	Carré.		Dimier.
	Caroline.		Marquet 1re.
	Célestine.		Laurent.

M. Desplaces fils.

PAS DÉTACHÉS.

PAS DE 3. MM. Petipa; Mlles Blangy, Sophie Dumilâtre.

PAS DE 2. M. Auguste Mabille; Mlles Nathalie Fitzjames.

PAS DE 4. Mmes Alexis, Nathalie Fitzjames, Maywood, Adèle Dumilatre.

Corps de Ballet.

PAYSANS.

MM. Guiffard.
Gondoin.
Scio.
Chatillon.
Célarius.

MM. Barrez 2me.
Briolle,
Constant.
Gourdoux.
Durand.

PAYSANNES.

Mmes Robin.
Colson.
Célarius 1re.
Wiéthof.
Lacoste 1re.
Haasnhut 1re.
Galby.
Courtois.
Robert.
Baillot.

Mmes Pérès.
Athalie.
Célarius 2me.
Gougibus.
Marquet 2me.
Bénard 2me.
Chevalier.
Josset.
Bénard 1re.
Coupotte.

PETITS PAYSANS.

MM. Alex. Petit.
Cornet 2me.
Jules.

MM. Ernest.
Rouyet.
Dimier.

PETITES PAYSANNES.

Mlles Danse.
Dabas 1re.
Delestre.

Mlles Delbès.
Toussaint.
Bizor.

SEIGNEURS.

MM. Lenfant.
Isambert.
Lefèvre.
Bégrand.

MM. Cornet 1er.
Feltiz.
Carré.
Ch. Petit.

DAMES.

Mmes Marimon.
Lenoir.
Pêche.
Pézée.

Mmes Ruet.
Créanche.
Beaumont.
Gaucher.

DEUXIÈME TABLEAU DU PREMIER ACTE.

CRÉANCIERS.

MM.	Louis Petit.	MM.	Lenfant.
	Cornet 1er.		Célarius.
	Grenier.		Bégrand.

ACTE DEUXIÈME.

PREMIER TABLEAU.

SEIGNEURS.

MM.	L. Petit.	MM.	Ch. Petit.
	Lenfant.		Feltis.
	Isambert.		Carré.
	Cornet 1er.		Millot.
	Bégrand.		Fromage.
	Grenier.		Dugit.
	Célarius.		Renauzy.
	Lefèvre.		Durand.

DAMES.

Mmes	Courtois.	Mmes	Robin.
	Laurent.		Bénard 1re.
	Saulnier 2me.		
	Dubignon.		Wiéthof.
	Leclercq.		Pérès.
	Josset.		Galby.
	Chevalier.		Robert.
	Marquet 1re.		Dabas.

DEUXIÈME TABLEAU DU DEUXIÈME ACTE.

PIRATES.

MM.	Simon.	MM.	Gondoin.
	Adice.		Barrez 2me.
	Desplaces fils.		Guiffard.
	Scio.		

PÊCHEURS.

MM. Chatillon.
Sauton.
Duban.
Constant.
Briolle.

MM. Jules.
Gourdoux.
Ponceau.
Martin.
Cornet 2me.

PAYSANNES.

Mmes Haasnhut.
Baillet.
Duménil.
Colson.
Coupotte.
Célarius 1re.
Célarius 2me.
Marquet 2me.
Lacroix.
Gougibus.
Sabatier.
Campan.

Mmes Delaquit.
Paget.
Rodriguez.
Marimon.
Lenoir.
Pézée.
Derouen.
Créanche.
Pêche.
Gaucher.
Ruet.
Varaine.

JEUNES PAYSANS.

MM. Ernest.
Dimier.
Lejeune.
Wiéthof.

MM. Maugin.
Hardy.
Alex. Petit.

JEUNES PAYSANNES.

Mlles Laurent 2me.
Masson.
Bouvier.
Lacoste 2me.
Jeandron.
Potier.
Cassan.
Drouet.
Julien.

Mlles Jeunot.
Franck.
Dabas 2me.
Hunter.
Chambret.
Vioron.
Cartemberg.
Cruchard.

Vingt-trois comparses dans cet acte.

ACTE TROISIÈME.

PREMIER TABLEAU.

DÉMONS HOMMES.

MM.	Isambert.	MM.	Darcourt.
	Martin.		Durand.
	C. Petit.		Constant.
	Feltis.		Cornet 2me.
	Ponceau.		Duhan.

DÉMONS FEMMES.

Mmes	Lacroix.	Mmes	Saulnier 2me.
	Coupotte.		Duménil.
	Campan.		Baillet.
	Delaquit.		Ligni.
	Sabatier.		Leclercq.

DEUXIÈME TABLEAU DU TROISIÈME ACTE.

EUNUQUES.

MM.	Chatillon.	MM.	Briolle.
	Lenoir.		Dugit.

PIRATES.

MM.	Scio.	MM.	Barez 2me.
	Gondoin.		Guiffard.

MARCHANDS.

MM.	Lenfant.	MM.	Bégrand.
	Cornet 1er.		Grenier.
	Lefèvre.		L. Petit.

NÈGRES.

MM.	Alex. Petit.	MM.	Rouyet.
	Dimier.		Gourdoux.
	Ernest.		Lejeune.
	Maugin.		Wiéthof.

BAYADÈRES.

Mlles Masson, Marquet 2me, Delbès, Toussaint, Delestre, Drouet, Paget, Bouvier.

ODALISQUES.

Mmes Caroline, Dimier, Célestine, Robert, Laurent, Haasnhut, Marquet 1re, Robin, Athalie, Gougibus, Bénard 1re, Josset, Courtois, Dubignon, Célarius 2me, Chevalier, Wiéthof, Pérès, Galby, Dabas 1re.

PEUPLE.

Mmes Rodriguez, Marimon, Lenoir, Pézée, Derouen, Gaucher, Pêche, Créanche, Ruet, Varaine, Lacoste 2me, Jeandron, Potier, Cassan, Julien, Jeunot, Franck, Dabas 2me, Hunter, Chambret, Vioron, Cartemberg.

TROISIÈME TABLEAU.

M. Mazilier; Mmes Leroux, Nathalie Fitzjames.

QUATRIÈME TABLEAU.

MM. Montjoie, Mazilier; Mmes Leroux, Nathalie Fitzjames, Roland.

Paysannes; Démons.

LE

DIABLE AMOUREUX.

ACTE I.

PREMIER TABLEAU.

Le théâtre représente le parc d'une villa appartenant à la Phœbée. A droite de l'acteur, un kiosque élégant; au milieu, une table de jeu. On monte à ce kiosque par un perron de quelques marches placé en face du spectateur.

SCÈNE PREMIÈRE.

Une fête champêtre est dans tout son éclat. Phœbée, la maîtresse du château, est assise dans le kiosque du parc, entourée de nombreux sigisbés, et assiste aux danses joyeuses des paysans de sa villa.

Le comte Frédéric, l'amant de Phœbée, placé près d'elle, semble lui faire la cour, tandis que le vieux docteur Hortensius, le gouverneur du comte, debout près de son élève, regarde la fête, avec une expression d'humeur et de colère!.. Lilia, l'une des jeunes paysannes, semble fixer l'attention du comte Frédéric; il descend du kiosque, s'approche de la jeune fille, lui parle avec bonté, la complimente sur sa danse légère; mais Phœbée, inquiète de la galanterie de son amant, vient avec humeur l'arracher à son admiration, et le force à se rasseoir près d'elle.

Lilia et ses jeunes compagnes dansent un pas national devant la société : on se disperse ensuite dans les jardins, en suivant Phœbée, la reine de la fête, qui en fait les honneurs à ses invités!.. elle engage Hortensius à les accompagner, mais le vieux savant se détourne et s'éloigne avec impatience. Frédéric feint de les suivre, mais il revient bientôt, et court à Lilia, restée seule dans un bosquet près de Thérésine sa mère.

SCÈNE II.

Frédéric interroge la jeune fille avec un vif intérêt, et lui demande où il l'a déjà vue? Lilia troublée, lui répond qu'il l'a connue toute petite. Elle lui rappelle les jeux de leur enfance, puis, fait approcher sa mère et la lui présente. C'est la nourrice du jeune comte; à ce souvenir, Frédéric court à la vieille femme et lui témoigne toute son affection; il s'approche ensuite de Lilia, saisit sa main qu'il baise tendrement au moment où reparaît la Phœbée.

SCÈNE III.

Phœbée s'avance vivement vers Frédéric, et lui demande compte de cette étrange scène : « C'est ma nourrice et ma sœur de lait, » lui répond Frédéric avec distraction. « Eh bien », réplique la courtisanne, « donnez de l'or à cette jeune fille, mais ne l'embrassez pas. » Frédéric craignant d'humilier Lilia en suivant le conseil de sa maîtresse, se contente de lui offrir un riche anneau qu'il porte à son doigt; Lilia le reçoit avec reconnaissance et s'éloigne vivement sur un signe de la Phœbée.

SCÈNE IV.

Une querelle de jalousie commence alors entre Frédéric et sa maîtresse. Après des reproches mutuels, Phœbée déclare à son amant qu'elle ne tient plus à lui, qu'elle écoutera ses rivaux. Frédéric piqué, l'assure de son indifférence. Le vieux gouverneur qui reparaît en ce moment semble enchanté de cette rupture et en félicite son élève.

SCÈNE V.

Les sigisbés de la courtisanne reviennent alors, ainsi que toute la société, et la Phœbée, joignant l'effet à la menace, accueille les cavaliers avec autant de grace qu'elle leur témoignait tout à l'heure d'indifférence. Frédéric furieux et jaloux, tourne le dos à son gouverneur et refuse de s'éloigner avec lui. Trahi par les femmes, il va tenter la fortune : il va jouer. Hortensius épouvanté, essaie en vain de l'en empêcher ; Frédéric l'envoie promener et s'élance à la table de jeu du kiosque qu'il couvre d'or.

Une partie très animée s'engage alors entre lui, plusieurs seigneurs et la courtisanne qui préside au jeu. Hortensius, tremblant derrière le siége de son élève, cherche à l'arrêter ; pendant ce temps, de nouvelles danses se forment dans le parc ; Lilia se glisse près du kiosque, regarde tristement Frédéric qui perd à chaque coup et semble de plus en plus agité. — Une discussion très vive s'engage à la table de jeu ; les danseurs s'arrêtent un instant, puis reprennent la valse interrompue par cet incident.

Le comte perd toujours, mais il veut rejouer encore, lorsque ses adversaires se lèvent et déclarent que le comte ayant tout perdu, la partie doit en rester là ! — Frédéric, honteux et plein de rage, sort du kiosque, avec désespoir, suivi de la courtisanne et des autres joueurs. Il est ruiné, désespéré, il ne possède plus rien au monde ; la querelle du kiosque s'est ranimée, les épées sont prêtes à se tirer, lorsque Lilia s'élance vers Frédéric, et lui présentant avec émotion la riche bague qu'elle en a reçue, elle le supplie de la reprendre et y joint sa croix et ses autres bijoux, dont elle se dépouille pour les lui offrir.

Frédéric, vivement touché du dévouement de la pauvre fille, n'accepte que sa croix et le chapelet qui lui sert de chaîne ; ils les presse sur ses lèvres et les met sur son cœur ; puis au moment de s'éloigner il provoque de nouveau ses adversaires, qu'il accuse de l'avoir trompé, la Phœbée se jette entre eux ; Lilia fond en larmes, et Frédéric est entraîné par Hortensius au milieu des menaces et du tumulte ; tout le monde sort.

FIN DU PREMIER TABLEAU.

DEUXIÈME TABLEAU.

Le théâtre représente une vieille bibliothèque gothique, située dans une tour; des livres poudreux sont placés, çà et là, sur les rayons; au-dessus d'une vaste cheminée est peinte une ancienne légende représ-tant Belzébuth mettant un diable sous la forme d'un page, au service d'un des ancêtres du comte Frédéric, en échange de son âme. Une vaste fenêtre ouverte, laisse pénétrer les rayons de la lune qui éclaire seule le vieux donjon.

La scène se passe dans un manoir abandonné, appartenant encore au comte Frédéric.

—

SCÈNE I.

Janetta la petite servante du château, paraît une lanterne à la main, suivie de Simplice son amoureux. Les deux paysans entrent avec crainte dans la tour. Simplice lutine Janetta et va l'embrasser, lorsqu'on sonne avec force à la porte du vieux donjon; Janetta et Simplice tremblans, hésitent à ouvrir... Janetta, plus brave, se décide à y courir, et rentre aussitôt, introduisant deux voyageurs.

SCÈNE II.

C'est le comte Frédéric suivi d'Hortensius; leurs manteaux sont trempés par la pluie. Simplice reste stupéfait en reconnaissant son jeune seigneur. Frédéric lui jette son manteau... Tandis que le vieux savant court à la cheminée dans laquelle Janetta s'empresse de faire du feu... Simplice vient offrir ses services au jeune comte qui les refuse en montrant Janetta : « C'est elle seule qui me servira, » dit-il en lui prenant le menton. Janetta paraît ravie de la préférence de Frédéric, et se moque de Simplice qui enrage de jalousie.

Hortensius s'empresse de renvoyer les deux domestiques.

SCÈNE III.

« Voilà tout ce qui nous reste au monde, grace à mes folies », dit le jeune comte au vieux savant, en lui montrant la tour... Hortensius lui tend la main, et semble lui dire : « Et moi donc, ne vous restai-je pas? pour vous aimer, pour vous servir... » Frédéric serre la main du vieillard avec effusion... « Plus rien, dit-il, c'est triste ! » Il s'assied, et paraît au désespoir... Hortensius va lui chercher des livres sur les rayons de la bibliothèque ; il les lui présente : « La lecture vous calmera, » dit-il. Frédéric parcourt plusieurs volumes avec distraction, et les rejette ensuite avec mépris. Il ouvre enfin un vieux et large manuscrit poudreux, sur la couverture duquel se trouvent tracés des caractères magiques.

A peine a-t-il lu quelques lignes qu'il paraît éprouver la plus vive surprise. Il montre le manuscrit à Hortensius, qui recule avec effroi. Il a l'air de dire à son élève que ces caractères cabalistiques le brûlent... Frédéric lui rit au nez ; il indique qu'il veut essayer l'effet de ce livre merveilleux. Il trace un cercle, et se place au milieu.

Hortensius se jette à ses pieds et le supplie de renoncer à cet affreux projet. Frédéric lui répond qu'il est ruiné, qu'il n'a plus rien sur la terre, et que le diable seul peut le secourir !.. La frayeur d'Hortensius redouble ; il exprime combien le diable serait horrible à voir : « Du tout » répond Frédéric ; « je veux en faire mon valet, mon esclave... mon page, comme celui-ci, » dit-il, en montrant le portrait du page de la légende ; puis, sans écouter davantage les supplications d'Hortensius, il commence une conjuration... A peine a-t-il fait une première évocation, le livre infernal à la main, que le tonnerre gronde, les lumières de la tour s'éteignent ; de larges éclairs y répandent seuls une clarté blafarde !... Hortensius se sauve avec les signes du plus grand effroi. Frédéric redouble ses conjurations, il veut dompter l'esprit des ténèbres, le forcer à lui obéir... Tout-à-coup, un bruit affreux se fait entendre : la foudre éclate. Frédéric, succombant à la terrible émotion de ce spectacle, s'évanouit au milieu de cette scène d'horreur.

La cheminée s'agrandit alors, le fond s'ouvre lentement ; un long et pâle rayon de lune se projette dans l'obscurité par l'ouverture, et sur ce jet lumineux s'avance majestueusement Belzébuth, l'œil en feu, le front terrible et menaçant; à ses pieds est accroupie Urielle, démon de l'ordre féminin, blanche et pâle créature que le seul regard du maître fait trembler.

Belzébuth examine avec pitié le jeune homme évanoui : « Quoi! c'est là » semble-t-il dire « le mortel audacieux qui voulait me rendre son esclave, un pareil maître est indigne de moi, cette créature lui suffit, » dit-il, en désignant Urielle.

Sur un geste de Belzébuth, Urielle se lève : « Regarde » lui dit le démon en lui montrant Frédéric « voilà ton seigneur et ton maître. Je te donne à lui, tu lui obéiras en toutes choses, mais à condition que tu me le donneras à ton tour. Je le veux, il me le faut. »

Urielle s'approche alors du jeune comte évanoui; elle tourne autour de lui, l'examine avec attention. Sa jeunesse, sa beauté la frappent de surprise et d'intérêt. Bientôt, son émotion redouble, la pitié s'empare d'elle; un sentiment plus tendre paraît l'agiter, et, se jetant aux pieds de son maître infernal, elle semble lui demander grace pour le jeune homme.

Belzébuth fait un geste terrible de colère et de menace. Urielle se prosterne et jure d'obéir. « Tu seras son varlet, son page, » lui dit Belzébuth, en désignant le portrait du page que Frédéric montrait au vieux savant à la scène précédente.

Urielle témoigne un vif regret d'être forcée de cacher son sexe;... mais sur l'ordre impérieux du maître, elle s'agenouille à ses pieds... Un signe de Belzébuth la métamorphose tout-à-coup en un jeune et joli page. — Un cercle de feu l'entoure; elle se redresse alors, et jure au maître d'obéir. Une musique infernale éclate! Le maître des enfers disparaît... La tour reprend son aspect ordinaire, et quand le jeune comte ouvre les yeux, il se trouve seul avec le petit page agenouillé devant lui et lui faisant respirer des sels.

Frédéric surpris ne sait que croire en le voyant : « Qui es-tu? » lui demande-t-il : « Ton esclave, » répond le page en souriant. « Ne m'as-tu pas appelé? » ajoute-t-il en lui montrant le livre magique. « Quoi! » s'écrie Frédéric, « tu serais?.. — Ordonne, et tu verras, » répond Urielle... Frédéric, d'abord ému, se rassure bientôt et veut essayer son pouvoir... « Viens me servir, » dit-il au page, en s'affermissant dans son courage... « Qu'ordonnes-tu? » répond Urielle... « Je veux d'abord un festin, une collation magnifique pour mon gouverneur et moi. » Sur un geste du page, une table grossière se couvre de cristaux, de vases d'or et de candélabres éclairant un somptueux repas. « C'est bien, » dit Frédéric... Le page s'approche du jeune homme pour lui baiser la main, mais Frédéric le repousse avec mépris... Le page confus s'éloigne en montrant un vif chagrin, et se retire dans un coin avec dépit.

SCÈNE IV.

Hortensius entr'ouvre timidement la porte du fond, et reste stupéfait en voyant le page près de son élève. Frédéric s'amuse un instant de la surprise du vieux docteur. « Je suis riche, je suis puissant maintenant, « lui dit-il, » j'ai le diable à mon service. — Le diable! » s'écrie Hortensius. — « Le voilà » répond Frédéric en lui montrant le page, dont Hortensius s'éloigne avec une vive terreur. « Il n'est pourtant pas si effrayant, » dit le comte, en appelant le page qui accourt avec empressement. Hortensius se recule avec horreur; et le diable, humblement soumis avec Frédéric, s'en dédommage en lutinant le vieux savant qui tremble de peur. Frédéric se place à table, et fait asseoir Hortensius près de lui. Hortensius s'enhardit. Le page leur verse à boire, et se multiplie pour les servir. La fatigue et l'effet des fréquentes libations de Frédéric finissent par troubler ses idées et appesantir ses yeux. Le page, qui l'examine avec attention, semble s'en applaudir; il lui verse de nouveau, et Frédéric, se laissant tout-à-fait aller au sommeil, finit par s'endormir profondément. Mais Hortensius tient bon; il boit toujours et ne s'endort pas. Urielle, impatientée de ne pouvoir réussir à l'enivrer, étend la main vers lui, et le docteur retombe lourdement dans son fauteuil complétement assoupi. Urielle s'avance alors doucement vers Frédéric, le regarde avec passion; puis, effrayée d'un mouvement de Frédéric, qui semble annoncer son réveil, elle se cache derrière le sofa où s'est endormi le comte. Elle relève bientôt la tête pour s'assurer de son sommeil; mais ses habits de page ont disparu, une tunique de gaze l'enveloppe sans cacher ses charmes. Elle court à Frédéric, met sa main sur le cœur du jeune comte, que ce doux contact semble agiter. Ravie de ce premier succès, elle continue ses attrayantes coquetteries : tantôt elle lui laisse entrevoir une taille élégante, un bras charmant, puis elle s'enveloppe dans son voile de gaze ; elle danse devant le jeune homme le pas le plus séduisant, variant ses poses gracieuses; tantôt courant à lui comme pour le serrer dans ses bras, puis le fuyant aussitôt voltigeant et semblant planer sur son sommeil! L'émotion de Frédéric semble augmenter à chaque instant. Cette enivrante vision le charme et le transporte. Urielle enfin, se penchant sur lecomte, termine sa danse en effleurant son front de ses lèvres. A cet instant, Frédéric fait un brusque mouvement pour s'éveiller..... Urielle surprise fuit rapidement. Le comte arraché au sommeil par l'agitation de son rêve, ouvre les yeux, s'élance au milieu de la chambre, cherchant avec anxiété la gracieuse fiction du songe. Il s'efforce de rappeler ses idées confuses; il réveille Hortensius, et l'oblige à chercher partout, avec lui, l'être surnaturel qu'il vient de voir en songe. Après avoir visité tous les coins de la tour, Hortensius désigne à son élève un dressoir gothique, où, dit-il, le diable seul peut se cacher. Frédéric l'ouvre aussitôt en se moquant de son gouverneur; mais quelle est sa surprise en y retrouvant, non pas Urielle, mais le petit page blotti au fond, et paraissant honteux et tremblant.

SCÈNE V.

On sonne avec force à la porte du château. Hortensius court à la fenêtre, et annonce à Frédéric l'arrivée de ses créanciers, qui viennent en foule réclamer leur argent. Frédéric désolé répond qu'il n'a plus rien, qu'il ne pourra les satisfaire « Ne suis-je pas là, » dit le petit diable ; puis, sans attendre l'ordre de son maître, il court à la porte et introduit les créanciers.

SCÈNE VI.

A mesure que les créanciers se présentent, le diable se fait remettre leurs titres; puis, les saluant humblement, il les fascine d'un geste, et chacun d'eux devient immobile à son tour dans la position où il a parlé au diable. Frédéric ne peut retenir sa gaîté à la vue de ces étranges figures, et Hortensius, qui la partage, subit le sort des créanciers, et se trouve, comme eux, métamorphosé en statue. Sur un signe d'Urielle, le dressoir se couvre de sacs d'argent; le malin démon en place un dans la main de chacun des créanciers et les rend à la vie; mais, quand ils veulent compter leurs espèces, un nuage de fumée sort de chacun des sacs. Furieux, ils s'élancent sur Frédéric pour l'arrêter; le diable s'empresse de leur montrer leurs effets acquittés, puis il les foudroie, les renverse tous d'un geste, et sort avec Frédéric, sur ce tableau, en leur riant au nez.

FIN DU PREMIER ACTE.

ACTE II.

TROISIÈME TABLEAU.

Le théâtre représente un riche salon du palais du comte Frédéric.

SCÈNE I.

On est à la fin d'une joyeuse orgie; le comte, riche et heureux depuis qu'il commande au diable, se livre à toutes ses passions; on rit, on boit, on joue chez lui! de jolies courtisannes, en costumes de bacchantes et de nymphes, dansent au milieu de cette fête.

Le diable enchanté de tout ce désordre, l'augmente encore, en brouillant les amans, en se moquant des joueurs malheureux, et en tourmentant Hortensius qui le fuit avec effroi toutes les fois qu'il s'approche de lui.

SCÈNE II.

Simplice et Janetta sa fiancée, viennent saluer Frédéric, leur jeune maître. Le comte trouve la petite charmante, l'attire dans un coin, et lui fait la cour. Urielle, jalouse de l'attention de Frédéric pour la jeune servante, le montre à Simplice et excite sa colère. Frédéric envoie Simplice promener. Il prend la main de Janetta et va l'embrasser, quand Urielle n'y tenant plus, fait un signe sur lequel toutes les lumières s'éteignent, et le plus grand trouble règne alors dans la fête: on se cherche, on se fuit, les amans sont séparés de leurs maîtresses, les querelles et les raccommodemens se succèdent rapidement; le diable s'empare de la petite servante, l'éloigne ainsi de Frédéric, mais celui-ci la retrouve, et le démon jaloux fait aussitôt revenir les lumières, et montre à Frédéric, Phœbée, sa maîtresse, qui paraît au fond.

SCÈNE III.

Phœbée s'avance vers Frédéric et lui fait des reproches sur son abandon. Le jeune comte s'éloigne sans lui répondre. La danseuse feint alors de fondre en larmes, Frédéric, ému, court à elle et redevient presque tendre, il la console et lui pardonne : le page lève les épaules, et a l'air de lui dire qu'elle se moque de lui, mais Frédéric, tout à son amour, refuse de l'écouter !

La fête recommence ; Phœbée laisse tomber le manteau qui la couvrait et se mêle à la danse. Le page qui voit l'ancienne passion de Frédéric renaître à l'aspect des graces et du talent de Phœbée, va la prier de danser avec lui. Alors commence un pas original, où, tout en dansant, le diable la fascine de telle sorte qu'elle finit par tomber dans ses bras au moment où le comte allait faire cesser cette danse étrange. Frédéric s'approche avec surprise et courroux ; il interroge sa maîtresse qui semble sortir d'un rêve. La danse cesse... tout le monde stupéfait se retire sur un signe du comte, furieux d'un semblable événement !

SCÈNE IV.

Frédéric veut également congédier le page, pour rester seul avec la courtisanne ; mais le diable jaloux refuse de sortir ; le comte le menace, et Urielle, feignant de s'éloigner, va se cacher derrière le sofa sur lequel le comte vient d'attirer sa maîtresse !.. Frédéric, revenu de sa surprise, se montre de plus en plus tendre pour Phœbée, il va la presser dans ses bras, quand une idée subite s'empare du page furieux. Il fait un signe, la porte du fond s'ouvre fantastiquement, et l'on voit au fond se dessiner la gracieuse figure de Lilia ! A peine Frédéric l'a-t-il aperçue, qu'il s'échappe des bras de la courtisanne stupéfaite, et court à la glace. L'image de Lilia disparaît, et ne la voyant plus, il s'élance sur les traces de la jeune fille hors de l'appartement. Phœbée, furieuse de se voir ainsi abandonnée, s'éloigne de son côté en jurant de se venger ; Urielle enchantée de sa ruse, se moque de la courtisanne en feignant de la consoler.

SCÈNE V.

A peine Frédéric s'est-il éloigné que Lilia paraît conduite par Thérésine sa mère... Cette fois, ce n'est plus une fiction, c'est la jeune fille qui vient visiter son frère de lait, l'objet de toutes ses pensées.

Le page sent que cette rivale est plus dangereuse que toutes les autres. Quel triomphe, s'il la rendait infidèle. Il éloigne Thérésine d'abord, et resté seul avec la jeune fille, il lui prend la main... Lilia la retire vivement, comme si elle eût senti le contact d'un fer rouge. Le page sourit et commence à devenir tendre avec Lilia, quand Frédéric reparaît tout-à-coup, à la grande surprise du diable, qui prend aussitôt un air innocent à la vue de son maître.

SCÈNE VI.

Frédéric transporté de joie de retrouver Lilia, la serre contre son cœur. Le diable trépigne de colère; tout-à-coup la porte du fond se rouvre. Phœbée paraît et le diable lui montre Frédéric aux genoux de Lilia. Hors d'elle-même, et n'écoutant que sa jalouse fureur, la courtisanne s'élance vers le comte, et, saisissant le poignard que le démon porte à sa ceinture, elle va frapper le comte, quand Lilia, plus prompte que l'éclair, se jette entre eux, reçoit le coup destiné à Frédéric, et tombe inanimée dans ses bras.

SCÈNE VII.

Un grand tumulte se fait entendre au dehors. Simplice paraît et va chercher la garde; tout le monde accourt, Thérésine au désespoir s'empare de sa fille et lui prodigue ses soins. Phœbée se perd dans la foule et disparaît; on emporte Lilia évanouie, et au moment où Frédéric désespéré s'apprête à suivre la jeune fille, Simplice rentre ramenant le grand bailli et ses estafiers.

SCÈNE VIII.

Le bailli retient le comte; Frédéric, désolé d'être séparé de Lilia, proteste en vain de son innocence. « Un crime a été commis,» dit le juge, «il me faut un coupable quelconque, et je vous arrête.» Mais tandis que le bailli tourne le dos pour placer des sentinelles à toutes les issues, le diable saisit la main de Frédéric, l'entraîne vers le mur de l'appartement, qui s'ouvre pour le laisser passer avec le page, puis se referme vivement derrière eux.

Le grand bailli se retourne et reste stupéfait de ne plus voir personne. Furieux de ce que sa proie lui échappe, et voulant arrêter quelqu'un à tout prix, il saisit le pauvre Simplice au collet et le fait entraîner par ses estafiers, malgré les cris et les efforts du malheureux paysan.

FIN DU TROISIÈME TABLEAU.

QUATRIÈME TABLEAU.

Le théâtre représente un site pittoresque sur le bord de la mer. A droite du spectateur, une petite maison de pêcheur; au fond, un rocher sur le haut duquel on aperçoit une chapelle dont la porte principale est placée en face du public. On arrive à la chapelle par un large escalier taillé dans le roc.

SCÈNE I.

Une barque, montée par des pirates, aborde au rivage. Les forbans, conduits par Bracaccio, leur chef, examinent la plage avec attention : ils se mettent à boire en attendant quelques bons coups à faire.

SCÈNE II.

Janetta et quelques jeunes filles reviennent de la pêche. Les pirates les entourent et leur offrent de légers présens. La connaissance est bientôt faite. Bracaccio est très empressé auprès de la coquette Janetta... Une danse de caractère commence entre eux... Après la danse, on voit s'ouvrir la porte de la maisonnette. Les pirates saluent les jeunes filles, s'éloignent vivement et se dispersent en allant se cacher dans les rochers.

SCÈNE III.

Lilia sort de la maisonnette, appuyée sur sa mère et le docteur Hortensius, qui ne l'a pas quittée depuis le fatal événement, et qu'elle remercie de ses soins généreux « La blessure est légère, dit le docteur, bientôt il n'y paraîtra plus. » Toutes les jeunes filles entourent Lilia, en lui témoignant de l'intérêt.

SCÈNE IV.

Frédéric accourt sans voir Lilia d'abord, il interroge tout le monde sur le sort de celle qu'il aime... Il l'aperçoit enfin et va tomber à ses pieds. Il lui peint ses transports, son bonheur en la retrouvant après avoir cru la perdre !... « Et c'est pour moi ! pour sauver mes jours, lui dit-il, que tu as exposé les tiens ! » Il ne lui cache plus son amour; lui montre sa croix d'or qui ne l'a pas quitté. Le trouble de la jeune fille dit assez à Frédéric combien il est aimé. Le comte veut montrer à Lilia toute sa tendresse; il veut lui consacrer une vie qu'elle lui a conservée, et lui offre de l'épouser. Lilia, tremblante de surprise et d'émotion, n'ose croire à un tel sort. Thérésine elle-même est stupéfaite d'une pareille offre. Frédéric insiste ; il est riche, heureux ; il veut s'unir à celle qu'il aime, et faire à jamais son bonheur. Il la conjure d'accepter... Lilia ne sait que répondre à tant d'amour ; mais le comte la supplie de nouveau, et Lilia, ivre de joie, tend enfin la main à Frédéric avec une vive expression de reconnaissance et d'amour. A ce moment reparaît Urielle, qui voit tout d'un coup-d'œil et semble éprouver la plus vive douleur.

Hortensius complimente son élève sur le sage parti qu'il vient de prendre. Thérésine et les jeunes filles s'empressent autour de Lilia, et la félicitent sur son bonheur... Frédéric veut que le mariage se fasse le jour même ; il va tout préparer. Tandis que les compagnes de Lilia emmènent la jeune fiancée dans sa chaumière pour commencer les apprêts de sa toilette de noce... Frédéric sort suivi du vieux docteur, après avoir fait ses adieux à sa fiancée.

SCÈNE V.

Urielle, au désespoir, ne sait que faire !.. A quel parti s'arrêter !.. Celui qu'elle aime va lui être enlevé pour jamais. A ce moment, une femme voilée paraît portée dans une litière et suivie d'un écuyer. C'est Phœbée qui retourne à sa villa, croyant sa vengeance satisfaite ;... elle s'arrête en voyant le prétendu page, descend de sa litière, fait éloigner l'écuyer qui l'accompagne, et questionne Urielle sur le jeune comte. «Il va s'unir à celle qu'il aime, répond le page. — Impossible ! s'écrie Phœbée. —Dans quelques instans, ils seront mariés, répond Urielle.» Phœbée refuse de croire à ses paroles... Le diable étend alors la main vers la chaumière, dont la fenêtre s'ouvre vivement, et l'on aperçoit dans l'intérieur le tableau de la toilette de noce de Lilia. La jeune fille est assise, habillée de blanc et entourée de sa mère et de ses compagnes, qui achèvent de la parer... Janetta lui attache le voile nuptial sur la tête... A cette vue, Phœbée ne contient plus sa fureur... Le diable fait un mouvement, et, sur ce nouveau signe, la fenêtre se referme et tout disparaît.

SCÈNE VI.

Bracaccio et les pirates sortent de leurs rochers; ils apprêtent leurs barques et vont partir... Le page les indique à la courtisanne, en lui apprenant ce qu'ils sont... Un affreux projet s'offre à la pensée de Phœbée ; elle appelle Bracaccio; celui-ci accourt entouré de ses gens : Phœbée leur montre la chaumière, et leur offre une bourse remplie d'or s'ils veulent enlever la jeune fille : « Marché conclu, » dit Bracaccio... Le diable exprime sa joie... La porte de la maisonnette s'ouvre... Phœbée, les pirates et leur chef se tiennent à l'écart.

SCÈNE VII.

Le jour commence à baisser. Lilia sort de la chaumière :

elle regarde si elle n'aperçoit pas son amant ; puis, par une inspiration touchante, elle s'agenouille près de la croix du rivage et se met à prier. On entend tinter au loin la cloche de la chapelle du rocher, qui annonce le mariage que l'on va y célébrer !

Phœbée, quittant alors sa retraite, désigne la jeune fille à Bracaccio ; celui-ci ordonne aux pirates de l'entourer : ils s'en approchent avec mystère ; et, la saisissant tout-à-coup, ils lui ferment la bouche, l'emportent, malgré ses efforts, dans la barque qui les attend, et vient recevoir de la Phœbée la bourse qu'elle lui a promise ; mais le diable tirant à son tour Bracaccio à part, lui montre deux autres bourses, et les lui offre, s'il veut aussi enlever la Phœbée par la même occasion : « Comment donc, dit le pirate, avec plaisir ; deux bonnes affaires au lieu d'une ; » et, avant que la courtisanne ait eu le temps de se reconnaître, Bracaccio et deux de ses forbans s'emparent d'elle et la transportent dans la barque à côté de sa victime. Le diable leur jette son or, et s'enfuit en riant aux éclats. La barque se perd dans le lointain.

SCÈNE VIII.

Frédéric redescend de l'église, suivi d'Hortensius. Le comte est transporté de bonheur et d'amour. Un paysan vient annoncer que tout est prêt pour la cérémonie. « On n'attend plus que les époux ! »

Un chant d'orgue se fait entendre dans la chapelle.

Le comte court à la maisonnette et frappe à la porte, tandis qu'Hortensius fait ranger tous les villageois pour recevoir la jeune mariée.

SCÈNE IX.

La porte s'ouvre, et la fiancée de Frédéric sort de la chaumière dans le costume nuptial dont on l'a parée aux yeux de Phœbée : son voile est baissé ; elle est suivie d'une foule de jeunes filles également vêtues de blanc ; mais, tandis que Frédéric va chercher Thérésine, la mère de Lilia, la fausse fiancée lève son voile et laisse voir aux spectateurs le malin diable, qui a pris la place de la mariée et s'applaudit de sa ruse. Thérésine et Frédéric s'approchent. Le démon baisse vivement son voile; mais il est bientôt victime de sapropre ruse, car il va falloir qu'il subisse la cérémonie religieuse du mariage, et d'abord la pieuse bénédiction de la mère de Lilia. C'est avec effort que Frédéric fait agenouiller Urielle devant Thérésine. Le diable dissimule de son mieux, mais semble fort mal à son aise pendant la bénédiction de la paysanne.

Le cortége se dirige ensuite vers l'escalier de la chapelle, sur un air de marche villageois; mais, à mesure qu'on avance, la fiancée semble se troubler davantage. A ce moment, les portes du temple s'ouvrent lentement, et l'on aperçoit, au fond, l'autel paré de cierges allumés. Le prêtre, dans ses habits sacerdotaux, s'avance sur le seuil de l'église pour recevoir les nouveaux époux. La mariée, de plus en plus agitée sous son voile, paraît résister à Frédéric qui l'entraîne vers l'autel.

Tout-à-coup le ciel s'obscurcit, le tonnerre gronde dans le lointain; la musique devient plus sombre et plus lugubre. Le comte a déjà fait gravir les premiers degrés du rocher à sa compagne, lorsque le prêtre chancelle à son tour, un tremblement universel s'empare de lui, et, au moment où les fiancés vont franchir les dernières marches pour pénétrer dans le lieu saint, le prêtre se recule avec horreur comme repoussé par une force surnaturelle. Les cierges de l'église s'éteignent; les portes se referment violemment; le tonnerre éclate; et la foudre vient frapper la fausse fiancée, qui tombe inanimée dans les bras du comte éperdu.

La plus vive terreur s'empare de la foule; on fuit l'église avec horreur. Frédéric entraîne la prétendue mariée sur la place, la dépose inanimée sur un banc de mousse, enlève le voile qui la couvre, et reconnaît, avec effroi, le diable à la place de celle qu'il aime.

La consternation est générale... Chacun court, chacun s'agite, on se désespère... on cherche Lilia de tous les côtés.

SCÈNE X.

Simplice paraît alors; il était dans la barque en mer: il raconte le rapt de Lilia, qu'il a vu de loin. Frédéric, au désespoir, se jette dans une nacelle suivi de quelques hommes, et s'élance à la poursuite des ravisseurs.

Thérésine et toutes les femmes tombent à genoux, et, pendant leur prière au ciel, on voit le banc de gazon, sur lequel repose Urielle, s'abîmer lentement, et disparaître, au milieu des flammes, dans les entrailles de la terre.

FIN DU DEUXIÈME ACTE.

ACTE III.

CINQUIÈME TABLEAU.

Le théâtre représente une grotte obscure de l'aspect le plus sombre et le plus sauvage. A droite, un rocher. A gauche, un escalier souterrain conduisant dans les entrailles de la terre.

SCÈNE I.

Belzébuth est debout, au milieu de la grotte; des démons des deux sexes l'entourent, et, courbés devant lui, semblent attendre ses ordres. Il a l'œil en feu, la colère sur le front.

Urielle est évanouie sur le banc qui s'est englouti en l'entraînant aux enfers à la fin du deuxième acte... Belzébuth s'approche d'elle, la regarde avec mépris, et la touchant de son sceptre, il la rend à l'existence... Urielle va se prosterner aux pieds du maître, qui lui demande compte de sa mission.... Urielle avoue qu'elle n'a pu séduire Frédéric: « Il en aimait une autre, dit-elle, et je l'aimais moi-même. » Belzébuth, furieux, la menace de sa vengeance. « Pas de grace, dit le démon, pas de pitié pour toi, si tu ne me livres l'âme de cet homme; qu'il signe ce pacte, dit-il en lui présentant un parchemin, qu'il soit à nous, et je te pardonne. »

Plusieurs démons du sexe d'Urielle courent à l'esprit infernal qui leur montre Urielle avec mépris... « Elle n'a pu me gagner une âme, dit-il, elle n'a pu séduire un homme. » Toutes s'offrent aussitôt pour la remplacer sur la terre... pour aller achever sa mission. Belzébuth va choisir l'une d'entre elles, quand Urielle, triste et pensive d'abord, Urielle, que son amour et ses regrets paraissent uniquement occuper, se relève à la proposition de ses rivales... Elle semble sortir d'un songe : sa jalousie renaît; et, se redressant fièrement, elle les examine l'une après l'autre avec mépris, semble leur dire : « Qui peut lutter avec moi de charmes et de beauté ?... C'est à moi qu'il appartiendra, » dit-elle, en saisissant le pacte; « à moi seule, je le jure. » A ce serment, une musique infernale se fait entendre. Toutes les rivales d'Urielle l'entourent et la félicitent. Le démon paraît fier de retrouver Urielle digne de lui. « Je te donne trois jours, » lui dit-il, en renversant trois fois devant elle un sablier de bronze : « mais si ce pacte n'est pas signé, si dans trois jours tu ne me ramènes pas l'âme que tu vas chercher, trembles pour toi-même... ma fureur ne t'épargnera pas. » Urielle sourit à cette menace ; puis, indiquant le haut de la voûte, elle demande à retourner sur terre. « Pars donc, lui dit Belzébuth, nous t'attendons aux enfers. » Sur un signe du démon, la terre s'entrouvre, et il s'engloutit, ainsi que les compagnes d'Urielle, tandis que celle-ci s'élance vers la voûte et disparaît.

SIXIÈME TABLEAU

Le théâtre représente l'intérieur d'un riche bazar ou marché d'esclaves à Ispahan.

SCÈNE I.

A droite, un vaste caravansérail, fermé par d'épais rideaux; à gauche, de longs divans, sur lesquels sont couchées des esclaves voilées. Des groupes nombreux, des marchands de toutes sortes se croisent en tous sens. Là, c'est un iman qui prêche; ici, des bayadères qui dansent; plus loin, des jongleurs faisant des tours, et puis des derviches qui tournent; partout un grand mouvement.

SCÈNE II.

Des marchands d'esclaves paraissent; ils amènent plusieurs jeunes femmes à vendre... Toutes sont voilées. Le chef des marchands, c'est Bracaccio le pirate; il vient au marché d'Ispahan pour trafiquer de Lilia, de la Phœbée, ses nouvelles captures, ainsi que de ses nombreuses esclaves... Il les présente aux chalands qui les examinent.

Bientôt les forbans, voulant faire valoir les graces de leurs captives, leur ordonnent de danser en présence des acheteurs. Plusieurs jeunes filles en costume de péris et d'almées exécutent différens pas d'ensemble en présence de la foule qui les applaudit.

SCÈNE III.

Bracaccio, qui réservait ses deux plus précieuses beautés pour les offrir en dernier à l'admiration des spectateurs, force la pauvre Lilia à se joindre aux autres esclaves et à danser comme elles, ce que l'infortunée jeune fille exécute en versant des larmes. Tout-à-coup on entend le canon. C'est un vaisseau européen qui arrive dans le port... Différens passagers en sortent, et le comte Frédéric paraît bientôt, suivi de quelques matelots. Sur l'ordre des marchands, toutes les esclaves baissent leurs voiles.

SCÈNE IV.

Le comte se dirige aussitôt vers le bazar et le parcourt d'un air inquiet et curieux; mais la vente va commencer. C'est Phœbée, c'est Lilia que propose d'abord le pirate. Il abaisse lui-même leurs voiles. Les yeux de Frédéric tombent sur Lilia... Eperdu de joie et d'amour, il court à la jeune fille pour la délivrer, Lilia s'élance de son côté vers lui, comme vers son seul protecteur... Mais Bracaccio retenant le comte lui dit : « Tout beau, mon jeune seigneur ! achetez-la d'abord. — Mais qui t'a vendu cette jeune fille ? s'écrie Frédéric... — Elle, répond le malin pirate, en montrant Phœbée. — Et qui vous a vendu vous-même, dit Frédéric à la danseuse. — Votre page, répond Phœbée avec colère, en ayant l'air de le chercher près du jeune comte.

A ce moment, Bracaccio fait placer Lilia sur une estrade élevée, puis, il la met aux enchères, à la grande fureur de Frédéric.

SCÈNE V.

Une foule d'acquéreurs se présentent et tendent leurs bourses au pirate. C'est à qui possédera la jeune fille ; mais Frédéric couvre toutes les enchères : il en donne plus que tout le monde... il va l'emporter... retrouver l'objet de son amour !.. quand un nouveau tumulte se fait entendre

SCÈNE VI.

Un vieillard entouré d'eunuques paraît porté dans un palanquin... c'est le grand visir ; il s'approche, et semble frappé de surprise et d'admiration à la vue de Lilia. Il annonce au pirate qu'il la veut à tout prix. Tous les acquéreurs se retirent devant le visir... Il offre une somme considérable au pirate : Frédéric la couvre... Le visir double la somme ; le comte la couvre encore. Le visir présente au pirate un sac d'or porté par ses eunuques... Frédéric commence à frémir. Lilia désespérée lui tend les bras... Le forban est indécis... Le pauvre amant ne se connaît plus... Il montre au pirate le navire sur lequel il vient d'aborder, et le lui livre contre sa captive...

Le vieux visir sourit et fait offrir par ses eunuques à Bracaccio un vaste coffre plein de richesse.

Frédéric n'a plus rien... il sent qu'il va perdre celle qu'il aime... quand il se retourne et voit Urielle qui sort tout-à-coup d'une fontaine et se place près de lui ; son espoir renaît à cette vue ! il court au pirate qui va livrer Lilia au visir... Il le supplie de lui donner quelques instans, puis revenant à Urielle, il lui commande de lui trouver de l'or.

Urielle sourit, se croise les bras, et lui tourne le dos sans lui répondre. Frédéric furieux ordonne de nouveau, mais Urielle est insensible.

Le visir s'impatiente... Le pirate veut en finir... Frédéric, passant alors des menaces aux prières, supplie, conjure le démon de sauver Lilia.... Urielle persiste dans son refus. Le comte reste frappé de désespoir, et le pirate s'approchant du visir, lui montre Lilia, en lui disant : « Elle est à vous. » Frédéric furieux va s'élancer vers le pirate; les gardes du visir le retiennent.

Lilia s'évanouit, et on la transporte dans le caravansérail, suivie de son nouveau maître. Tout le monde s'éloigne.

SCÈNE VII.

Frédéric ne se contient plus; il s'approche d'Urielle avec rage, et lui demande compte de sa désobéissance. « Tu peux la sauver, » lui répond Urielle, « Lilia peut encore t'appartenir. — Parle, parle !.. s'écrie le jeune homme, mon sang, ma vie, tout est à toi... — Je veux mieux que cela, lui dit le démon... je veux ton âme !.. Frédéric recule épouvanté... « Signe cela, » lui dit Urielle en lui montrant le pacte... « et je te rends celle que tu aimes... » Frédéric repousse la dangereuse créature; mais Urielle lui montrant le fond du caravansérail lui fait écouter un air de marche : c'est celui du départ et de l'enlèvement de Lilia. Frédéric, au comble du désespoir, résiste encore; mais bientôt on aperçoit le visir, entouré de ses gardes, traverser le bazar, escortant la litière qui renferme Lilia.

A cette vue, le comte ne se connaît plus... Il saisit le parchemin que lui présente Urielle, et, se piquant le bras de son stylet, il signe le pacte infernal qui le perd à jamais.

SCÈNE VIII.

Urielle fait un signe de joie et de triomphe; elle désigne le visir à Frédéric, en lui disant d'aller le retenir. Le jeune homme, plein d'espoir dans les promesses du diable, court au visir et l'arrête... A ce moment, le gracieux démon laisse tomber le bornouss qui la couvre, et paraît tout-à-coup dans un riche et bizarre costume de bayadère; puis elle commence un pas original aux sons d'une musique brillante qui éclate en ce moment.

SCÈNE IX.

Le cortége, attiré par cet étrange spectacle, entoure la nouvelle danseuse et l'examine avec admiration. Le visir lui-même paraît éprouver la plus vive séduction : il s'approche bientôt d'Urielle, la regarde avec amour, et met toutes ses richesses à ses pieds... Urielle lui désigne Frédéric comme son maître, et lui répond qu'elle dépend de lui seul... « Que veux-tu pour elle? » demande le visir au comte... — Elle ! s'écrie-t-il en montrant Lilia. Le vieillard refuse, et Urielle termine alors son pas avec tant de charmes et de graces, que le visir, transporté, n'hésite plus, et, courant à Frédéric : « Troc pour troc, » lui dit-il en lui indiquant Lilia... Le comte, au comble de la joie, s'empresse de consentir : il court à la jeune captive et la serre dans ses bras, tandis que le visir s'approche d'Urielle, qui rit sous cape de la passion du vieillard. « J'ai tenu ma promesse, » semble-t-elle dire à Frédéric, « songe à la tienne. »

Le comte, tout à son amour, entraîne Lilia vers son navire, dont l'équipage accourt à sa rencontre. Le visir, de son côté, fait approcher le palanquin qui renfermait Lilia, et y fait monter Urielle : la malicieuse créature s'y place en lui riant au nez, et disparaît au moment où le visir va monter près d'elle.

SCÈNE X.

Le visir, atterré, confondu d'un pareil prodige, ne peut en croire ses yeux; il se livre au désespoir. A ce moment reparait Bracaccio conduisant Phœbée.... Le pirate la lui présente... Le vieillard furieux, mais qui veut une esclave à tout prix, jette sa bourse au forban, fait placer la courtisanne dans la litière, et l'emmène, avec humeur, à la place de sa nouvelle esclave !

FIN DU SIXIÈME TABLEAU.

SEPTIÈME TABLEAU.

Le théâtre représente la vieille tour du premier acte.

SCÈNE I.

Il est nuit; une lampe éclaire la tour; c'est la veille du mariage de Lilia et de Frédéric. Frédéric est appuyé sur la table et paraît réfléchir profondément; Lilia est à genoux devant le prie-Dieu? sur un siége, la couronne nuptiale et le voile de mariage de Lilia... Frédéric se relève, court à sa fiancée, et semble lui dire que, dans peu d'heures, il seront unis!

Lilia va sortir pour aller reposer; elle fait de tendres adieux à Frédéric qui la presse contre son cœur; puis, au moment de s'éloigner, elle revient encore près de lui en lui exprimant une vague inquiétude. Frédéric la rassure, l'embrasse de nouveau, et la jeune fille rentre dans sa chambre.

SCÈNE II.

A peine le comte est-il seul, ivre d'amour et d'espoir, que l'horloge sonne lugubrement minuit; au même instant, on frappe à la porte. Les verroux se tirent d'eux-mêmes ainsi que la portière. Frédéric semble troublé de ce bruit imprévu. La porte s'ouvre alors, et l'on voit paraître Urielle, qui s'arrête sur le seuil, le pacte infernal à la main. Le comte reste frappé de terreur à cette vue... Urielle s'avance vers lui.... et, lui montrant l'infernal traité, dont le terme fatal vient d'expirer, elle en réclame l'exécution. Frédéric, se rendant maître de son émotion, lui répond, en souriant, que de pareilles dettes ne se paient pas, et qu'il refuse d'acquitter celle-là; mais Urielle insiste et lui ordonne de la suivre à l'instant.

« Mais, que t'ai-je fait? » lui dit alors le jeune comte, « et pourquoi me persécuter ainsi... — Pour t'arracher à elle ! » s'écrie alors Urielle, hors d'elle-même, en montrant la chambre qui renferme Lilia, « parce que je suis femme comme elle, et que je t'aime comme elle... » ajoute-t-elle en paraissant dans toute sa beauté. Frédéric semble anéanti de cet aveu. « Depuis que tu m'as évoquée, » reprend Urielle en rappelant la scène de l'apparition... « depuis que je t'ai vu, je t'aime ! et je brave tout pour toi. — Mais ma foi, ma main, mon amour, ma vie sont à elle ! » répond Frédéric. « Dans peu d'heures nous serons unis, » ajoute-t-il en désignant le voile nuptial de la jeune fille. « Jamais ! » s'écrie Urielle avec fureur; « suis-moi... je le veux; je l'ordonne. » Et Frédéric, attiré comme par une force surnaturelle, glisse vers Urielle, qui étend déjà la main pour le saisir, quand la porte de la chambre de Lilia s'ouvre violemment; elle s'en élance vivement, court à son amant, tombe à ses genoux, et le retient au moment où Urielle allait s'en emparer. A cette vue, la fureur jalouse du diable-femme ne connaît plus de bornes; elle veut Frédéric, il est à elle !.. d'un geste, elle repousse la malheureuse Lilia... puis, appuyant sa main sur l'épaule du comte, elle va s'engloutir avec lui. Frédéric voit qu'il est perdu... il serre une dernière fois, avec passion, Lilia évanouie contre son cœur... puis, se rapprochant d'Urielle, il lui exprime toute son horreur. « Je te suivrai, » lui dit-il avec désespoir, « puisque ton pouvoir infernal m'y force; mais tu n'emporteras que mon cadavre aux enfers ! » Tirant alors son poignard, il le lève sur son cœur et va s'en frapper. Urielle a tout vu; d'un geste, elle arrête le bras du comte ! un horrible effroi se peint dans ses traits; regardant à la fois Frédéric et Lilia, le bien et le mal se livrent un combat cruel dans son cœur; le bon et le mauvais ange se le disputent !! Mais bientôt un sentiment nouveau s'empare d'elle : l'âme de la femme triomphe de celle du démon ! L'amour, la pitié l'emportent. « Je me perds à jamais pour toi, » dit-elle à Frédéric; « mais je te sauve et te rends au bonheur ! » Puis, saisissant le pacte infernal, elle le précipite dans l'âtre brûlant, tandis que le comte la regarde avec une douloureuse anxiété.

A peine les flammes ont-elles reçu l'odieux traité, que

la vie d'Urielle semble la quitter et s'éteindre avec le feu qui consume le pacte. Tournant les yeux vers Frédéric, elle le supplie de lui donner sa main qu'elle place sur son cœur : « C'est lui qui me tue, » dit-elle, « lui qui t'appartiendra jusqu'à mon dernier soupir; à moi la mort éternelle! pour elle, » ajoute-t-elle en désignant Lilia, « le bonheur, ton amour, la vie ! » La flamme du brasier s'éteint, et Urielle expire en même temps qu'elle.

Le comte, surpris d'un si grand dévouement, montre l'infortunée à Lilia, qui vient de recouvrer ses sens. La jeune fille, partageant l'émotion de son amant, s'approche d'Urielle, et semble adresser au ciel une fervente prière pour elle. Frédéric se joint à la pieuse intention de Lilia; puis, détachant le rosaire et la croix que la jeune fille, lui a donnés au premier acte, il les dépose pieusement sur le cœur de la morte, et s'enfuit en entraînant sa fiancée.

HUITIÈME TABLEAU.

Le théâtre change et représente l'enfer. — Une immense voûte de feu couvre un lac ardent qui remplit la scène; une roche toute de flamme domine cet effroyable abîme. Au fond, des marches immenses servent d'entrée à ce lieu d'horreur.

SCÈNE I.

Belzébuth, entouré de sa cour infernale, semble attendre sa proie, la malheureuse Urielle; quelques démons l'aperçoivent au loin et signalent son arrivée. Un diable colossal l'apporte dans ses bras, et la dépose aux pieds de Belzébuth. Un mouvement de joie s'empare des démons; ils vont s'élancer sur leur victime, quand tout-à-coup un ange paraît sur la cime de la roche la plus élevée, et semble protéger Urielle en étendant les mains sur elle : celle-ci revient à la vie et fait un geste d'horreur en se voyant au milieu des démons ; puis, par une inspiration céleste, elle saisit le chapelet et la croix de Lilia, que Frédéric a déposé sur son cœur, et les présente à l'enfer qui s'élance vers elle. Belzébuth et les démons, frappés de terreur à la vue des signes sacrés, reculent avec épouvante, tandis qu'Urielle monte vers l'ange protecteur qui lui tend les bras.

SCÈNE II.

A ce moment, le haut de la voûte s'entr'ouvre, des chants pieux se font entendre, et l'on aperçoit la montagne et l'église du deuxième acte, vers laquelle s'acheminent Frédéric et Lilia qui vont s'y marier, suivis de toute la noce. Les démons, sur un signe de l'ange, sont renversés aux pieds d'Urielle qu'ils regardent monter au ciel avec fureur et désespoir.

FIN.

www.ingramcontent.com/pod-product-compliance
Ingram Content Group UK Ltd.
Pitfield, Milton Keynes, MK11 3LW, UK
UKHW021529260726
13993UKWH00004B/1890

9 782019 999223